الغريب

عبدالله الشوربجي

الغريب

شعر

إصدارات دائرة الثقافة، حكومة الشارقة 2023 م

الناشر: دائرة الثقافة ـ حكومة الشارقة ـ الإمارات العربية المتحدة

الهاتف: 5123333 6 971+

البُرَّاق: 5123303 6 971+

الموقع الإليكتروني: www.sdc.gov.ae

البريد الإليكتروني: sdc@sdc.gov.ae

811.962

ش ع. غ

الشوربجي، عبدالله

الغريب / عبدالله الشوربجي.ـ الشارقة، الإمارات العربية المتحدة: دائرة الثقافة، 2023.

240 ص؛ 21X14 سم.

1 ـ الشعر العربي ـ مصر ـ دواوين وقصائد

أ ـ العنوان

ISBN: 978-9948-778-47-9

الرمادي

عاتبتُ جلبابي

فغادرَ غُرفتي

والموتُ متسعٌ

لأشربَ قهوتي

قلبي صفا التاريخ..

أسعى؟

إنهم

قهراً

أضاعوا مِنْ طريقي

مَروتي

أحبو على أطراف أحلامي

أفتشُ في جيوبِ الجُبِّ عن/

عن أخوتي

والبابُ سحريُّ العيون..

نظرتُ..

والشُّباكُ مشنوقٌ/

أجمِّدُ خطوتي

وجعي

يطلُّ الخوفُ منه

على فضاءاتٍ

من الفوضى..

فأخرسُ شهوتي

لا تمطرُ الشرفاتُ

في الصحراء موسيقى..

ولا ليلٌ يهيِّئُ غنوتي

والشمسُ

لا تتناولُ الإفطارَ في بيتي..

ولم ترقد

ببشرة نسوتي

وفمي المغلَّقُ

لم يقلْ للآن

هيت..

وثمَّ أبوابٌ

تخبِّئُ حُلوتي

فأسرِّبُ الأحزان عمداً

في شوارعيَ القديمة..

ثم أدخلُ خلوتي

أبديتي تزداد موتاً..

والمدى ثقب

بإبرة من يفصِّلُ غفوتي

أنا أول الدنيا..

ولكن عينها

لم ترتكبْ كُحْلي

لتغفرَ كبوتي

عرباتهم مرتْ

وخيلي أقفرتْ..

ونسيتُ سيفي

في شوارع غزوتي

ما ليسَ لي لي..

والجميلة وردها

ما عادَ مشغولاً بقُبلة عُرْوَتي

أمشي..

كما تمشي

عقاربُ ساعتي..

والريحُ تهزمني

وتخدشُ دعوتي

أسلمتهم أمري

وقلتُ مراهناً:

خيّاطهم

سيخيط ثوبَ نبوَّتي

شكلي رماديٌّ..

حذائي ضيقٌ..

وقنعتُ في الركن البليدِ

بنشوتي

تختارني الأحداثُ

لا أختارها..

وبنشرة الأخبار

تطفو رغوتي

«إني وإن كنت الأخيرَ زمانه»

ضيَّعتُ مجدَ الأولين

بقسوتي

أرهقتُ أيوبي

بصبر قصائدي..

أرهقتُ يعقوبي

بدمع بنوَّتي

والآن في سجني

بسبع سنابل

أرشو الحياة..

فهل

ستقبلُ رشوتي؟

الدراويش

ويحدثُ

أن نظما

فنهجرُ زمزما

برقصةِ سالومي

نعَمِّدُ مريما

نفصِّلُ

في السَّبع العجافِ

قميصَنا

ونأكلُ تفاحَ الخروج

لنأثما

ويحدثُ

أن أختارَ

آخرَ موضةٍ

من الحزن

حتى أرتديكِ مُهندما

نمَرِّرُ

في سَمِّ الخِيَاطِ جِمالنا

نوَحِّدُ هند الأرض

في حمزة السَّما

مُسَيْلمةُ الكذَّابُ

أوَّلُ صـادقٍ

وإنكِ مَن صلى عليهِ

وسلَّما

أحبُّكِ..

لا أهواكِ نصفَ نبيَّةٍ

وأكرهُ في عينيكِ

ربّاً مُحَرَّما

أَلَمْ تذهبي للماءِ

عاشقةً معي!

فكيفَ تؤدِّينَ الصَّلاةَ تيمُّما؟

أعيدي أنا

لي

أنتِ نصفُ غريبةٍ

ونصفُ مُعَرَّاةٍ

أحبُّكِ إنما...

أحاول ترتيبي فأسقطُ من يدي

ألوذ بصومي

أو أضمُّكِ

ربما...

ولا هيتَ تدعوني

ولا بابَ بيننا

وفي جنَّةِ المأوى

دخلتُ جهنما

أسيراً

تهجَّيْتُ الطريق لبيتنا

على قدم

في خطوتين تلعْثما

سيبطلُ

في العشر الأواخِر

صومُنا

إذا ما بقينا يا حبيبةُ صُوَّما

أنا مَنْ يرى يعقوبُ

سرَّ قميصهِ

فلا تقرئي سِفْري

بفاتِحَةِ العَمَى

أضأتكِ سبْعا

وانطفأتُ لسبْعَةٍ

ودرَّبْتُ ليلي

أن ينامَ لأحلما

بأن (الربيعَ الطَّلق

يأتيكِ ضاحكاً

من الحسن

حتى كادَ أن يتكَلما).

الخامسة

تمشي..

تساقطُ من فستانها

طهرا

كأنَّ في خطوتين

الشفعَ والوترا

في سبعةٍ..

سبعةٌ ربَّتْ سنابلها

رأيتُ فيها بلالاً..

ينتشي

حُرًّا

هي التي أحصنتْ

أحزابَ مصحفها

أنا الذي راودتْ

في قلبهِ الذِّكرا

أحتاجُ ألفَ سماءٍ

حينَ أعرجُ

في حريرةِ الروح

حتى أكشفَ السِّرا

أحتاجُ نصفَ نبيٍّ

كيْ يفسِّرني

في رحلةِ الخِضر

ما لم أستطعْ صبرا

أحتاجُ نصفَ إلهٍ

كيْ أكذِّبَهُ

حتى يُهيِّئَ

من آلائهِ شِعرا

أحتاجُ نصفكِ

كيْ أبقى على ثقةٍ

أني اصطفيتكِ

في سبحان مَنْ أسرى

أحتاجُ ليلة قدْرٍ

ثمَّ أنفقها

في ألف شهرٍ

إلى أن أطلعَ الفجرا

أحتاجُ أن أكتفي

لكنَّ أغطيتي

ليست تزمِّلُ

مَن ناديتِهِ

اقرا

أحتاجُ

أحتاجكِ الأنثى

التي عبرَتْ

أحلامَ يوسفَ

حتى أصبحتْ خُضرا

وضعتُ شالي

على شوَّالٍ مشيتها

فحوَّلتْ

رمضان المشتهي فِطرا

أحتاجُ

لاسمي..

لوجهي..

مهنةً..

لغةً..

فلا تجوعُ سماواتي

ولا تعرى

لا بدَّ من زينةٍ

كيْ أكتبَ امرأةً

قدَّت قميصي

وقالت: هيت لي

جهرا

مقهى ونرجيلةٌ

والتبغُ مشتعلٌ

وأنتِ

مرَّتْ أمامي

خِلتها أخرى

رأيتُ موتاً حُسيْنيّاً

فأخبرني

بأنَّ فاطمةً

ما زالت الزهرا

صيفي طويلٌ

كعمر الجرح

في وطني

ما بينَ حُلمين

لي قيلولةٌ حيرى

مَوْتي يؤجِّله التاريخُ مُدَّعياً

أني خبزتُ

رغيفَ الفتنة الكبرى

أحتاجُ

أن تخرجي من بيت جدَّتنا

أن تمنحي قامتي شبراً

ولو شبرا

تبقى على أهبةِ الطوفان

قريتُنا

أحتاجُ نوحاً

لكيْ يبني معي جسرا

أحتاجُ في البيتِ شباكاً

لأفتحهُ

لا أن أرانيَ

أسقي ربه خمرا

أحتاجُ.. أحتاجُ..

عذراً يا معذبتي

إذا نسيت احتياجي فيكِ

مضطرا.

الخاملون

كانَ الضُّحى عالياً

كانتْ تُغني لي

وكنتُ أمشي معي

والحزنُ

يمشي لي

نسيتُ

في البنطلون الجينز

من زمنٍ

تاريخَ جَدِّي

على بعض التفاصيلِ

غنيْتُ/ غنيْتِ

تاهتْ بيننا رُسُلٌ

فيروز شكراً

لـ«مرسال المراسيلِ»

اللهُ

اللهُ لمْ يدخلْ منازلنا

وما طعامٌ لنا

في صحن جبريلِ

حبلُ الغسيلِ

الذي يبكي بشرفتنا

يضجُّ مِنَّا

ومن هذي السَّراويلِ

نحنُ الذين استرحنا

من عمائمنا

نكرْكِرُ «الفتحَ»

في ليِّ الأراجيلِ

نحنُ الذينَ

تركنا «الصَّفَ» مُنْفلتاً

حتى التقينا معاً

في سورةِ الفيلِ

في بيتِ إيلٍ دخلنا

لمْ نجدْ قمراً

حتى رجعنا

بلا بيتٍ

بلا إيلٍ

جيكورُ..

هلْ أغلقَ السيّابُ دفترهُ؟

مَنْ نشّزَ العزفَ

في لحن الخلاخيلِ؟

يرى المعرِّي

على أبوابِ محبسهِ

سبْعاً عجافاً

ولا تحتاجُ تأويلي

باسمِ القناصل

ندعو اللهَ فرنجَةً

ونطلبُ الغيثَ

من أيدي عزازيلِ

عُدنا من السوقِ

ما عُدْنا بمملكةٍ

ليزهقَ الحقُّ

جئنا بالأباطيلِ

أمشي كقومي

برأسٍ نصفِ حافيةٍ

أعَلِّمُ الطفلَ ميراثَ البهاليلِ

غطيْتُ وجهي بشعري

آخرُ امرأةٍ

تكفي

لأسترَ نفسي بالتفاعيلِ.

المقهى

تشربُ القهوة؟

جرِّبها

سيرضيكَ المذاقْ

سترى

في لونها الغامقِ جداً

وجهَ عبْلةُ

دخن الشيشةَ

وانسَ الهمَّ

فالهمُّ احتراقْ

نحنُ بالدخَّان

نبني

- حين نبني -

مجدَ دولةٌ

زيُّكَ المعتادُ

لا يعتادهُ هذا الزُّقاقْ

فانزع العِمَّةَ

والجلباب

وادخلْ أيَّ بدلةٌ

أيها القادمُ

مِنْ حدُّوتةٍ

والدَّربُ شاقْ

لا تقلْ (هلا سألتِ الخيلَ)

باعَ الشيخُ خيلْه

لنْ ترى نوقاً

ولا النعمانُ

لن تلقى العراقْ

نحنُ في التاريخ

يا مولايَ

جئنا يومَ عُطلةْ.

الموتى

لم أكتشفْ مالِكاً

فيهم

ولا أنسا

ولا أذاناً يقيمُ العصرَ

أو جَرَسا

وجدتُ أبرهةً

في صحن كعبتهمْ

يهدهُ «اللاتَ»

حتى خلتهُ نعَسا

درَّبتُ خِفة أقدامي لأعبرَهمْ

قومٌ

مشى ربُّهمْ

في حَيِّهمْ

عَطسا

نامَ النبيُّ بعيداً

عن منازلهم

لم ألقَ جبريلهم

روحاً

ولا قدسا

ليلايَ

حُبلى بطفلٍ

ليس يشبهني

فهل أثبِّتُ

في إيشاربها بنسا

أتلو..

‹‹إذا جاء نصر الله››

يرهقني شيخٌ

يرتلُ في غلمانهِ

«عبسا»

مُبقعٌ بمسيحي

ثوبُ مريمهمْ

إذ أبطلتْ

صومَها

ثم ادَّعتْ خرسا

كان الجواري

- جواري هند -

تعصرني خمراً

وحمزة

يا وحشيَّها التعسا

توزع الريح وجهي

في قبائلهم

ويهمس الخضرُ

في رأسي

بما همسا

صبراً

ولمْ أستطعْ

صبراً أدخنه

نرجيلتي

لم أجدْ

في صدرها نفسا

بعت التعاويذَ

يا أمي

فمعذرة

لم تمنح الطفلَ

في مشواره حَرَسا

عجنتُ من تمرهم

ربّاً ليطعمني

ركبتُ سَرْجاً

ولم أخلقْ له فرَسا

الليلُ رائحة الموتى

يُكبّلني

أنسى أنايَ

على صلبانه هوسا

ألواحُ موسى

أنا كسَّرْتها معهُ

وعدتُ

لم أتخذْ

من ناره قبسا.

ليلى

قِفوا جِداداً على ليلى..

وإخوتِها

لا قيسَ يكتبُ شِعْراً

عندَ خيمتها

مرَّتْ..

ومرُّوا..

وما ليلى سوى امرأةٍ

تفتشُ العامَ عن يوم

لضحكتها

لا همزة الحُبِّ

في أقصى ضَفائرها

ولا أرى الياءَ

في أدنى

حَقيبتها

شعثاءُ..

غبراءُ..

في أحلامها عرجٌ

يسَّاقط الخوفُ

لو هزَّتْ بنخلتها

طفولةُ الماءِ

قد شاختْ

زمازمها

قلبُ الصَّفا

لم يجدْ نبضاً

بمرْوتها

صلاتها أبجدياتٌ

مُراودةٌ

جغرافيا الصَّبر

عن شبر

لقِبْلتها

زيتونةٌ

لا تضيءُ الآن..

أغمضها

ليلُ القبيلةِ

إذ أرخى بمقلتها

الياسمينة

مَنْ يغتالُ أبيضَها

إلا الذينَ استقالوا

مِنْ عروبتها

وَرْدٌ

أتاها مساءً..

إنَّ مالكها

يُحَشرجُ البكرَ

في بُحَّات إخوتها

ليلايَ..

مَنْ رتَّلَ التاريخُ

سورتها

تبكي فراتاً

على أحْزان

دجلتها

نظارةٌ..

حلبُ الشهباءِ

تعرفها

تسائلُ المتنبي

عنْ قصيدتها

بلقيسُ

إذ أصبحت

تشكو إلى سبإٍ

مرارةَ البُنِّ

في فنجان قهوتها

ليلى

رأوها تقيمُ العصرَ..

راوَدَها

عمامةٌ

نظرتْ خبثاً

لعورتها

ليلى التي

ورَّد القرآنُ

بشرَتها

الآنَ أخجلُ

من شعْرات لحْيتها

ليلايَ..

أمُّ نساءِ الأرض

قاطبةً

الآنَ تبحثُ

عن أمٍّ لأمَّتِها.

أبو الطيب المصري

آتيكِ..

أتلو سورةَ الشعراءِ

لو يابساتكِ

راودتْ خضرائي

إياكِ..

حينَ أمرُّ

طوَّافاً

على شفتيكِ..

أنْ تتجاهلي إغرائي

فعذوبتي

في الحبِّ

أن تتعذبي

حُبّاً..

وأن تستعذبي أشيائي

لي

في الليالي الألفِ

ألفُ حكايةٍ

وحكايتي

بقيتْ بقلبِ إمائي

عُريي

بكارةُ مَنْ أحبُّ..

فحاولي

أنْ ترتدي ما شئتِ

منْ أخطائي

قلبي مسيحٌ

في صليبِ زماننا

هزي بجذع الحبِّ

يا عذرائي

إني مدينتكِ الصلاةُ..

توضَّئي

جهراً لفَجري..

جهرة لعِشائي

صليتُ خلفكِ كيْ أظلَّ مقدسّاً

ولمستُ خدَّكِ

كيْ يحجَّ بكائي

أنا كلُّ هذا الحبِّ..

في ناري هدى

إنْ عمَّدتكِ بآيتينِ..

تُضائي

لي ما رأى يعقوبُ..

إذ ألقى

على صدر القميصِ

بدمعةٍ عمياءِ

لي

ما روى الصندوقُ

عن أُمٍّ بكتْ

ألقتْ بأحلى قلبِها

في الماءِ

لي

دعوةٌ في الحوتِ

ما إنْ قلتها

حتى أضاء الحوتَ

سرُّ دعائي

إني مسيحٌ..

حينَ جئتُ زمانكمْ

علمته

أنْ لا يخونَ

عَشائي

هاجرتُ..

لا صدِّيق

يؤنسُ هجرتي

كم يثربٍ تاقتْ

إلى قصْوائي

صبراً أبا ذرٍّ..

سنمشيها معاً

حتى يضيءَ الفقرُ

للفقراءِ

كمْ حمزةً يا هندُ؟

حتى تمنحي

وحشيَّكِ الأبديَّ طهرَ دمائي

صدِّقْ مُسَيْلمةً

ففي أبواقهِ

مَن أنكروا هذيي من العلماءِ

وأنا الذي قرؤوهُ

كيْ يتعلموا

سُنَنَ الوضوءِ

على حروف هجائي

لي

في (قفا نبكِ) الطفولةُ

والتي

رضعتْ حليبَ الشعر

من آبائي

أطلالُ خولة

لا تلوحُ

على يدي

وشماً..

وخولةُ

لم تعُدْ حسنائي

إذ آذنتْ أسماءُ

لحظةً بينِها

فعلمتُ أنَّ الشِّعر

من أسمائي

عَفَتِ الديارُ

محلّها

فمقامها

يا دارَ ميَّةً..

هذه علِيائي

مِنْ أمِّ أوفى

لا تجيءُ رسالةٌ

ولأُمٍّ أوفى

فسَّروا أنبائي

ودِّعْ هريرةَ..

لا سبيلَ إلى التي

ربَّتْ قوافلها

بغير حُدائي

ما غادرَ الشعراءُ من مُتردَّمٍ

وأنا

سأملأُ جَرَّةَ الشعراءِ

الشعرُ لي..

لسوايَ أن يتوضؤوا

حتى إذا كتبوا..

فمن إملائي

الأبجديةُ لي..

ولستُ بناقصٍ

كيْ أجعلَ العنسيَّ

من شركائي

في كلِّ حرفٍ

قدْ أتيتُ بآيةٍ

وبكلِّ بيتٍ

قدْ بنيتُ حِرائي

لغتي

بسيف اللهِ

قد أرسلتها

للكافرينَ الكارهينَ غنائي

بسْمَلتُ/ ملتُ/ أَمَلتُ

فوقَ دفاتري

حاءَ الحنينِ

على بياض الباءِ

سبَّحْتُ/ بُحْتُ/ سَبَحْتُ

في أمواجها

وبقيتُ لي لغتي..

ولي لآلائي

وفرحتُ/

رُحْتُ/

أرحتُ كلَّ سفائني

ومنحتُ

كلَّ العالمينَ

ضيائي

لي نظرةُ الأعمى إلى أدبي..

ولي خَلقٌ سَهارى

دائماً جرَّائي

لي جَنةٌ في الشعرِ

قد أعددتها

كيْ يسكنَ الغاوون

من قرّائي

لي جُملةٌ كالحَجِّ

تغفرُ ما جرى

من دمعنا..

في مقلةِ الخنساءِ

أدمنتُ شُربَ الشعر

حتى أننا

أصبحتُ همزتهُ..

فأصبحَ يائي

مارستهُ في الأرض

ذنباً طاهراً

فتلاهُ جبريلي

بكلِّ سماءِ

وأخذتُ خيطاً

من خيوطِ قصائدي

ونسجتهُ عشقاً..

فكانَ نسائي

علمتهنَّ

بأنَّ نصف ملامحي

شِعري

ونصفَ ملامحي

إغوائي

أنا

لدغةُ التفاحِ..

شيطانُ الهدى

لي جنةٌ

كبرى..

ولي حوَّائي

رزقي من الكلماتِ

أعذبُها..

وبي ظمأٌ لأنثى

تنتهي لبقائي

وحَّدتُ آلهةً القصائد كلها

وغدوتُ إخناتون

في الأدباءِ

«آتونُ» أشعاري..

«أخيتاتونُ» لي

كهَّانها ما كذبوا آلائي

لي

ما بنى الفرعون..

مجدٌ خالدٌ

حتى أتى التاريخُ

خلفَ لوائي

ما كنتُ في غرناطةٍ..

إذ أسبَنوا لغتي..

ولمْ أدخلْ إلى الحمراءِ

وَلَّادةُ في القصر..

نصفُ مريضةٍ

وأتى ابنُ زيدونٍ

بغير دواءِ

لمْ أكتشفْ طرقاً

أمرُّ بها

على بيتِ ابن رشدٍ..

فادعيتُ عَمَائي

لا تدخلي التاريخ

كيْ نبقى معاً

ألفَ الحياة

وياءَها بنقاءِ

لا تدخلي التاريخ

لن تستوعبي

أحلامَ داحس

في دم الغبراءِ

لا تدخلي التاريخ

كم يحيى به

قتلوه..

كيْ يرضى سريرُ اللائي

ما فسَّروا القرآن في عثمانه

يا صاحب النورين

نمْ بهناءٍ

القادسية لا تعودُ..

ولا أرى

سعداً يعودُ..

ولو على استحْياءٍ

كربٌ

يظلُّ بكربلاءَ..

وكلما

قتلوا الحسينَ

فلا يموتُ بلائي

منديلُ أمي

يا عليُّ

كما ترى

ما زال يمسحُ

دمعةَ الزهراء

بغدادُ

يا بنَ العلقميِّ

قصيدةٌ

لن تقرؤوها

دون حرف الباء

لا تدخلي التاريخ..

إنَّ دمشقهُ

خرجتْ من الفصحى

بغير رداءِ

في القدسِ..

باعَ صلاحُ سرْجَ حصانهِ

لما رأى الأقصى

بلا إسراءِ

لن تعرفي المختارَ..

لو قابلتهِ يوماً بروما

ساعةً استرخاءِ

الخبزُ في التاريخ

دونَ خميرةٍ

والملحُ فيهِ

يزيدُ في إعيائي

يكفي من التاريخ

نصفُ دقيقةٍ

كيْ ندفنَ الموتى

منَ الأحياءِ

قدَّمتُ ألفَ شهادةٍ..

وشهادةٍ

كيْ يُكتبَ التاريخُ

من شُهدائي

أنا آخرُ الماشينَ

في طرُقاتهِ

بي ألفُ صدِّيقٍ

وبي عُمَرائي

ورجعتُ..

أبني بالقصيدةِ

كعبةً

ليحجَّ

كلُّ العاشقين بنائي

بابي

لحدّ الشمس

يرفعُ خدَّه

والشمسُ
ما اكتملتْ
بلا أضوائي

لا أسبقُ الدنيا
ولكنْ دائماً
أمشي..
ولو تمشي..
تسيرُ وَرائي.

عبلة

أضمُّكَ..

ما بيني وبيني

لأفرحا

مُعَوَّذةٌ أخرى

وفاتحةُ الضحى

أنا عبلةٌ

تُتلى بكلِّ قصيدةٍ

عيونكَ صلتْ بي

وقلبكَ سَبَّحا

على أدهمٍ

تأتي البلادَ مُوذناً

أحبكَ ملءَ الحرفِ

فانطِقْ

لأفصِحا

ليَ المَهْرُ

والنعمانُ

يسرقُ نوقَهُ

ظلامٌ قد استشرى

وظلمٌ قد التحى

«يقولون:

ليلى بالعراق مريضةٌ»

يقولون:

قيسٌ لا يعودُ مُلوَّحا

أضمكَ

في «إنا فتحنا»

ولم أزلْ

فتشرقُ

في غرناطتينِ

مُوَشَّحا

هنا

تنقلُ الأخبارُ

أنَّ سفينةً

بعشرينَ قرصاناً

وكلٌّ تَنَوَّحا

على هندَ

ترسو الفلكُ

حمزةُ لم يعُدْ

وكلُّ حسينٍ

قد يعيشُ

ليُذبَحا

عمائمُ قومي

لا تهزُّ بنخلةٍ

وإنْ هيَ هزتْ

لم تساقط

سوى جُحا

بلادكَ

إذ ضاقتْ عليكَ بيوتُها

ولونكَ أمسى غربتينِ

وأصبحا

أضمكَ مِسْكيّاً

مُضيئاً بسرِّهِ

تعلّمَ

فيكَ الفُلُّ

أنْ يتفتَّحا

رضيتُ

على ليلٍ بوجهكَ

شاعرٍ

وآنستُ فجراً

من عيونكَ قد صحا

أنا

في الهوى حُرِّيَّةٌ..

أنتَ فارسٌ

من الماءِ حتى الماءِ

تُنشئُ مَسْرحا

وإني سألتُ الخيلَ

قالَ صَهيلُها

بأنكَ مَن خاضَ النزالَ

ليربَحا

أضمكَ..

في تلك المنازلِ

كلما

تراودُ أبوابَ الحياةِ

لتفتحا.

الحجاج

هنا مقعدان..

لنا واحِدٌ

والذي فارغٌ

بانتظار البعيدْ

هنا قيصرٌ واحدٌ

للبلادِ الوحيدةِ

والأمرُ لي بالأكيدْ

ويرهِقُ آذاننا النبويَّةَ

ما قاله (سبارتكوس)

للعبيدْ

أنا الرأسُ

لو تنظرون جميعاً

أنا..

إنني واحدٌ

ووحيدْ

أنا قبضةُ الذهبِ الحُرِّ

يمكنها

أن تزيلَ جدارَ الحديدْ

هنا

وانتبه يا بُنيَّ

شِقاقٌ

و«عيدٌ بأيةِ حالٍ»

يعودْ

إذا كانَ سكانُها

يبدلون

جَمالَ الحُسينِ

بقبحِ يَزيدْ

ينامون

مِن ألف عامٍ

عَرايا

وما كلبُهُمْ

باسِطٌ بالوصيدْ

ومُختَمِرٌ

خبزُهم..

ربما

غيرُ مُختمرٍ..

ربما

لا يفيدْ

بقصدٍ..

بصمتٍ..

سيأتونَ بيتي

بنصفِ ركوعٍ

بنصفِ سجودْ

عَفَتْ دارُهمْ

لا مَحَلَّ

وليسَ مُقامٌ

عَفَتْ دارُكمْ

يا لبيدْ

أنا نائبُ الربِّ

والسبتُ لي

نخلكم جفَّ

حين اغتصبتُ الجريذْ

فهزوا

بجذع التواريخِ

حتى

تساقط

أشلاءَ شيخٍ

قعيدْ

هنا

الأرضُ

ليستْ تقومُ

من النومِ

عفواً

فما مِن صباحٍ جديدْ

هنا العاتبون

على الله

ما أسلموا

ما نصارى

وليسوا يهودْ

هنا قبضُ ريحٍ

ولا شيءَ في علبةٍ فتحوها

فهل من مزيدْ

هنا لا تعودُ الرسالةُ

أصلاً أنا

لا أوظفُ ساعي البريدْ

وفي الحوتِ

دعوتكم لا تُجابُ

فهاتفكم

ليسَ فيه رصيدْ.

بلال

وحدي

و«‹‹هل أنتم معي››»

وأمامي

سبارتكوس يمرُّ

مثلَ منامٍ

مَنْ أنكروني

لا تضيءُ قلوبُهمْ

سجناً بروما

ساعةَ استجمام

آمنتُ «بي.. بكَ»

قالها..

حتى اختفى

وبقيتُ وحدي..

والصدى..

ومَرامي

مَنْ أنكروني

لا تَتِمُّ صلاتُهمْ

إلا

إذا رفعَ الأذانَ مقامي

قرؤوا اكتئابَ الليلِ

بينَ ملامحي

لمْ يعرفوا

في الليلِ

بدْرَ تمامي

أنا..

أيها الماشون

فوق مواجعي

يعقوبُ

أبصر

في القميصِ غلامي

لي نارُهمْ..

ومعَ الخليلِ

دخلتها

أنا كنتُ برداً..

والخليلُ سلامي

أنا ـ لو ترى أمِّي ـ

غسلتُ بمِسْكها

أيُّوبَ..

حتى عادَ دونَ سقام

عُلِّمْتُ في الصحْراءِ

أنَّ رمالها

حُبٌّ .. وشِعْرٌ

فامتشقتُ حُسامي

(ووددتُ تقبيلَ السيوف

لأنها لمعتْ

كبارقِ ثغرها) البسَّام

لي أنْ أحبَّكِ

في النساءِ مدينةً

وعيونها رُسُلٌ

دعتْ لسلام

لي أنْ أحاربَ

كُفْرَ كلِّ قبيلةٍ

ما آمنتْ بالفجر

خلفَ ظلامي

للشعرِ رائحتي..

فلا تتخيلي

شِعْراً بلا عبقي

بلا أنغامي

والعشقُ أصبحَني

فكلُّ جميلةٍ

عشقتْ

بها أمَلي

بها آلامي

فتعلمي شوقي

لكيْ تتهيئي

ولكي تعيشي

استوطني إلهامي

مثلُ المسيح

أنا..

أتيتُ مُباركاً

وصليبُهمْ فيهمْ

وفيَّ قِيامي

وأعودُ

من حُزني

لحزني دائماً

وأهندمُ الأيامَ

في أيامي

حريَّتي عيناكِ

يا أبديةٌ

بيتي الحرامُ

أطوفُ

دونَ ختامِ

قولي لكلِّ العالمينَ:

مُتيَّمٌ

أخباره

في سيرة ابن هشامِ.

حواء

أنثى..

إجابةٌ ما أتى

من أسئلةٌ

يُتلى بها سوَراً

فتقرأ بسملةٌ

في هاء «هيتَ»

تقدَّستْ أثوابُها

في «راودتهُ»

شهادتان

وحوقلةٌ

في جيم جبريلٍ

تنزَّلَ وحْيُها

في سبع يوسفهِ

أعدتْ سنبلةٌ

أنثى سماءٌ

باكتمال صلاتهِ

في آخر الركعاتِ

تغفرُ أوَّلهْ

فيها

«ألم نشرحْ»

وفيه

«اصدعْ بما»

أوحى حنينُكَ

لليالي المقبلةُ

عشقتهُ وحشتها

وقد همَّتْ بهِ

وقميصه

عشقَ الثيابَ المهمَلةُ

دخلتْ لنار الفُرْن

من أبوابهِ

هيَ نصفُ طازجةٍ

ونصفُ مُتبَّلةُ

وهو الذي عرفوه

من حوَّائهِ

فاختارَ

تفاح الخلودِ

ليأكلهْ

وهيَ التي

فنجانها وجدوا بهِ

خطين من وجعٍ

وخطأ من ولهْ

وهو الذي

في جزء عمَّ

تدرَّبتْ آياتهُ

حتى تظلَّ مُفَصَّلةُ

أنثى

بطعم السلسبيل

مزاجها الكافورُ

آيةُ عاشقين

مُرتَّلةُ

أنثى

برائحة الندى

آنسْتها

بنعومةِ الدفلى

بطعم سفرجلةُ

لهما القصيدةُ

في صبا أبياتها

لهما..

ولي

تبقى القصيدة أرملةٌ

مَرَّت مرورَ العطر

قلت تمهَّلي

وبقيتُ أنظرُ

والحياة مُؤجَّلةٌ.

الغريب

الساعةُ الآنَ

إلا غربة

ومعي

عشرون حزناً

ولم تعرفْ حبيباتي

مسافرٌ

لا وصولٌ

لا يصاحبني

خضرٌ

ولم أستطعْ صبرَ النبوَّاتِ

لي ألفُ قلبٍ

ببغدادَ التي كتبتْ

قصيدة الحبِّ

سيَّاباً وبيَّاتي

وألفُ قلبٍ ببيروتٍ

تفيرزني

في (أعطني الناي)

هاءتْ كلُّ ناياتي

وألفُ قلبٍ

دمشقيٌّ

يئنُّ إذا

يزيدُ

ينقضُ

غزلَ الهاشمياتِ

وألفُ قلبٍ

يحبُّ البنَّ

في سبأٍ

لكنَّ بلقيسَ

لم تقرأ رسالاتي

وألفُ قلبٍ

فلسطينٌ تُدَروشُهُ

(سجلْ أنا عربيٌّ)

في السِّجلاتِ

وألفُ ألفٍ

ولكني على سفر

أنا صديقٌ لدودٌ للمطاراتِ

هذي بلادٌ

بوادٍ غير ذي وطن

أذنتُ فيها

وما لبَّتْ أذاناتي

ولدتُ فيها عجوزاً

ليلُ أسئلتي

يستمطرُ الصبحَ

من صمتِ السمواتِ

أستغفرُ الحبَّ

لا سبعٌ أفسرُها

ولا قميصٌ

ولا سكينُ للاتي

لا تعشقيني

كثيراً

يا مُعذبتي

ويا جنوني

ويا أشهى خطيئاتي

لا تعشقيني

فلا خبزٌ سأحملهُ

فتأكلُ الطيرُ

من فتواكِ

مولاتي

كافي ونونكِ

لما يصبحا لغة

إنا اغتربنا معاً

في الأبجدياتِ

حديثُ عينيكِ

يُروى عن مسيلمةٍ

قرآنُ عينيَّ

ما أكملتُ آياتي

أدركتُ سرَّ اغترابي

هيئي بلداً

لكيْ أضيفكِ سطراً

في التحياتِ.

المتنبي

وأنا

أكتبُ القصيدةَ

يغدو قلمي

مثل المرسَلينَ إماما

وحروفي تهيَّأتْ للقائي

تحمدُ اللهَ سُجَّداً

وقياما

هكذا جئتُ

حيثُ كانَ عِراقٌ

(يتلقى من ربِّه الإلهاما)

كانت الكوفةُ الحياةَ

لطفلٍ

يتهجَّى قميصُهُ الأيَّاما

رضعَ الشِّعرَ

عندَ بئرِ عليٍّ

وإلى الآنَ

لا يريدُ فِطاما

مُتنبي..

وما خُلقتُ لأرضٍ

لي سماءٌ

سُمُوُّها يتسامى

ومن الشِّعرِ

آيةٌ وحديثٌ

كافرٌ

مَنْ ظنَّ القصيدَ كلاما

أرسلتني

أبياتُ شِعري

إليها

العراقيُّ

جاءَ

يَخطبُ شاما

حلبٌ..

سيفُ الدولةِ الآنَ

يَدْري

أنَّ شِعري

يُحَجُّ بيتاً حَراما

أبعثُ الشعرَ

سيِّداً

فحروفي أنبياءٌ

تُعلمُ الأياما

أيها الكارهونَ

كمْ أنبياءٍ

حينَ مَرُّوا باللغو

مَرُّوا كِراما

كانَ يوماً

كوجْهِ كافورَ

لمَّا جئتُ مِصْراً

وما وجدتُ مَقاما

مصرُ..

يا مصرُ..

آيةُ اللهِ

لكنْ

كلُّ كافورٍ

جاءها

يتعامى

أينَ قوْمي؟

بحثتُ عنهم

كثيراً

كيفَ صارتْ

ديارُ قومي خِيَاما!

في عراقٍ

يموتُ ألفُ حسينٍ

ويزيدٌ

يُؤجِّرُ الأرحاما

في المنافي

أبو العلاءِ

يريدُ الخبزَ

للأطفالِ الجياعِ

اليتامى

لا تصحُّ الصلاةُ

في القدس

يا بلقيسُ

عودي بلجَّةٍ تتنامى

نحنُ

مَن فَلسَفَ الخياناتِ..

واستسلامُنا

كم ندعوه حُبّاً

سَلاما

ربما

عَربٌ!

هلْ في الناس كانوا؟

أرى كهفاً

وأقواماً

لم يزالوا نِياما.

المسلي

أُسَلِّي..

ولستُ البهلوانَ

تأكدي

أَحِلِّي..

دمي

إني شهيدُكِ فاشهدي

وكُلِّي

بياضٌ

غيرَ أنكِ ليلةً

غسلتِ ثيابَ العاشقينَ بأسودِ

أُصَلِّي..

لماذا في طوافِ إفاضتي

أبو جهلُكِ اليوميِّ

قدَّ مُحَمَّدي

أَقَلِّي..

كثيرٌ

فابنُ حزنِكِ شاعرٌ

تموتُ نُبوَّاتٌ وتُبعثُ من يَدي

لَعلِّي..

و(زُورْبا) توءمانِ

ورقصَةٌ

ويومٌ بلا أمسٍ

وأمسٌ بلا غدِ

فذُلِّي..

عليَّ النهرَ

نصفُ عذوبةٍ

ولا غيْرَ

تُعطيني الحياةَ لتُعْبَدي

تَدَلِّي..

تَدَلَّى في الصليبِ مسيحُهُ

ومريمُ لا تَعنيكِ

كيْ تتعمَّدي

أهلِي..

هلالَ العيدِ

نصفُ ديارِنا

زُلَيْخيَّةُ الأبوابِ

لا تترددي

أطِلِّي..

على التاريخِ

في صفحاتِهِ

حملتُ على ظهري بلالي

وسيِّدي

تَجَلِّي..

لأطفالي فُراتاً..

لزوجتي رغيفاً..

تَجَلَّي توبتينِ لِمُلْحِدِ

وظَلَّي..

نبيّاً

لمْ يعشْ بغمامةٍ

ولمْ يترك التوحيدَ

كيْ تتوحَّدي

أقِلِّي..

عليَّ اللومَ

جئتُكِ ساعِياً

وسبعاً وسبعيناً

أروحُ وأغتدي

تَوَلِّي..

عِيالَ اللهِ

أنتِ حليمَةٌ

وآمنةٌ أخرى

تُهيِّئُ مَولدي

وخَلِّي

أبا سفيانَ يدخلُ دارَهُ

فإنِّي لكلِّ الناسِ

أفتحُ مسجدي.

عبدالله

يَحكون

عن ولدٍ بمصرَ

مُنَزَّلٌ كالذِّكرِ

جاءَ مُرتَّلاً ترتيلا

ويُقالُ

ما وَلدتْ بيومِ ظهورِهِ

أنثى

فكانَ..

وكانَ أقوَمُ قِيلا

قوْمٌ..

وسيِّدةٌ بثوبِ نبيَّةٍ

نظروا..

أشارتْ..

قالَ جئتُ رسُولا

ورسالتي قلمٌ

تقدَّسَ نبضُهُ

وهبَ القصائدَ بُكرةً

وأصيلا

في مصرَ

حيثُ تفرْعَنَتْ كلماتُهُ

فأقامَ أهراماً

وفجَّرَ نيلا

في قريةٍ سمراءَ

تغسلُ شَعْرَها بالصَّبرِ

علَّ لفقرِها تبديلا

الطفلُ تدركُهُ الحقيقةُ

كلما قصُرَتْ ملابسُهُ

يكونُ طويلا

ربَّتْهُ

لُقمةُ قومِهِ

مغموسةً بالملح

زادتْ بالدُّعا تبتيلا

أدمتْهُ غربةُ قومِهِ

في قومِهِ

ربُّوا الجيادَ

ولا تُجيدُ صهيلا

قتلتْهُ مَوئَةُ قومِهِ

عربيةٌ

أحلى العروبةِ

أنْ تموتَ قتيلا

فطمتْهُ آخرُ صفحَةٍ

بكتابِها

فارْتدَّ يقرأُ

في السطورِ الأولى

سألتُهُ جدرانُ المدارسِ

حُلمَهُ

فأجابَ

أصعَدُ كيْ أرى جبريلا

قالتْ ترفقْ

إنَّ ليلاً بارداً

لا يمنحُ الأحلامَ

والتأويلا

لكنَّه ولدٌ عنيدٌ

طبعُهُ

ألا يضلَّ إلى السماءِ سبيلا

ولدٌ يُصرُّ على الوجودِ

صلاتُهُ

أنَّ النبوةَ ترفضُ التأجيلا

ضبطوهُ مُتَّهماً

بحُزنٍ طيِّبٍ

والحزنُ

طهَّر بالبُكا المنديلا

ولدٌ بمصرَ..

ومصرُ أوَّلُ كعبةٍ

في الأرضِ..

لكنْ مَن يُربِّي الفيلا؟!

في قصرِ فرعونٍ..

بساعةِ زينةٍ

لم يقتلوهُ..

لِيُتقنَ التطبيلا

لكنَّه ألقى عَصاهُ

قصيدةً

قد فُصِّلتْ آياتُها تفصيلا

هوَ لا يرى كافورَ

أو شركاءَهُ

حتى يُضيفَ لقُبحِهِمْ تجميلا

يا أيُّها الصديقُ

كذَّبْ مَرَّةً

صارَ النبيُّ بعصرِنا أبريلا

عصرٌ إذا بانتْ سعادُ

فلنْ ترى كعْباً

وقلباً إثْرها متبولا

يحكونَ عن ولدٍ مسيحٍ

كلما صلبوهُ

أكملَ حزنَه إنجيلا

ولدٌ بمصَر

يحبُّ حتى موتِهِ

كوني سماءً

كيْ يموتَ جميلا.

تعلم

تعلَّمَ

منذُ الخطيئةِ

ألَّا يكونَ نبيّاً كما ينبغي

ولكنْ يظلُّ نبيًّا

تعلَّمَ

ألَّا يُوفِّرَ حُزناً

وألَّا يُؤخِّرَ حُزناً

تعلَّمَ كيفَ يموتُ الحياةَ شقيًّا

تعلَّمَ

أنَّ القصيدةَ أنثى

وقدْ أحصنتْ شِعْرَها

ثمَّ هيَّأ مِحرابَها

ثمَّ كفَّلَها زكريَّا

تعلمَ

منذُ ثلاثينَ عاماً

كتابةً أحلى قصيدة حبْ

ولمَّا أحبْ

تلعثَم في شفتيهِ الكلامُ

فما قالَ شيًا

تعلمَ

أنَّ الشعوبَ إذا تدمنُ الجوعَ

لا تعتني بشراءِ مَقصِّ الأظافرِ

لكنْ تنادي الرغيفَ

نِداءً خفيًا

تعلَّمَ

ألَّا يُصَدِّقَ شمساً

تغلِّقُ دكَّانها في المساءِ

وتحجبُ ضيًّا

تعلَّمَ

أنَّ المدينةً لو هجرتْ ساكنيها

فلا يثربٌ في الخرائطِ

لا فاذهبوا أنتمُ الطلقاءُ

ولا يدخلُ الغرباءُ

إذا رحلوا

جنةً الخلدِ

إنَّ المنافيَ

تأكلُ لحمَ التواريخ حيًّا

تعلَّمَ

أنَّ العواصمَ ليستْ تَرى

فالطريقُ إلى الهندِ

يبدأ من غين غرناطةٍ

ينتهي عندَ قافِ العراقِ

وأنَّ الذي قادَ جيشَ المغولِ

تبيَّنَ من فحصِ أوراقِهِ

أنَّه كانَ في أصلِهِ عربيًّا

تعلَّمَ في الغارِ (اقرأْ)

فرتَّلَ تاريخَهُ آيةً آيةً

ولمَّا انتهى

سقطتْ دمعةٌ

أصبحَ الدمعُ أندلسيًّا

تعلمَ ألَّا يكونَ صغيراً

فأصبحَ أكبرَ

ناهزَ تاجيْنِ

لولا صحيفة آلهةِ العصرِ

إذ حرمثْهُ المراضعُ

فاختارَ شِعبَ الكرامِ

فأصبحَ أكبرَ

يبلغُ مَجْداً عِتِيَّا

تعلَّمَ

فيما تعلَّمَ

أنَّ انحناءً ولو مَرَّةً

سوفَ يُبقيكَ حتى القيامةِ أحدبَ

قد جئتَ شيئاً فريًّا

تعلَّمَ

لكنَّهُ ما تعلَّمَ

كيفَ تلوثهُ الحادثاتُ

فماتَ نقيًّا.

أبو تمام لا يشرب القهوة

هناكَ

كانَ معي

من لونِهِ لوْني

شايٌ

ونرجيلةٌ

لم تكتشفْ حُزني

في الركنِ شيْخٌ

على جلبابِهِ ضحكتْ

ياقاتُ مَن سمَّروا العينينِ

في الرُّكْنِ

كانَ الحماسةُ

في كفَّيهِ

يسألُهُ

مَنْ هؤلاءِ

وهلْ في قلبِهِمْ مِنِّي؟

ولا يَرُدُّ

سوى أنْ ضمَّ غربتَهُ

لعلَّهُ يرحمُ الديوانُ

بالحضنِ

يا شيخُ..

قالَ أبو تمَّام تعرفني

فقلتُ أعْـ......

قالَ لا

قلتُ انتظرْ

إنِّي

موسى إذا كنتَ خضْرا

قالَ يا ولدي

لنْ تستطيعَ معي صَبْرا

إذنْ دعْني

يا شيخُ حِلْمَكَ

فابنُ العلقميُّ هنا

والموصليُّ غريبُ العودِ

واللحْنِ

والنُّونُ

يحملُ مَن في النُّونِ

من زمنٍ

وأمُّهُ (نينوى)

وهناً على وهْنٍ

ألِمُّ عُرْيَ البلادِ

الدَّمُّ أسئلةٌ

هل يُسمنُ العربيُّ اليومَ

أو يُغني

شقائقٌ

تُنْكِرُ النُّعمانَ

مائدةٌ من السَّماءِ

بلا سلوى

بلا مَنٍّ

ولا حَمامٌ

بغارٍ لا نُبَخِّرُهُ

يوماً بسادسةٍ

من سورةِ الجِنِّ

أقولُ شِعْراً

فقالَ الشيخُ

يا ولدي

بعضُ القصائدِ

في أيَّامكمْ

تَزني

كانَ الكلامُ نبيّاً

مَن يُكذبُهُ

في عالمِ القبحِ

جربْ

مهنةَ الحُسْنِ

جربتُ

نكهةً إعدامي

وفاجأني

أنِّي قتيلٌ

ولا جناتُ في عَدْنِ

قابيلُ مِنَّا

وهابيلٌ يكفنُهُ

قميصُ يوسفَ

بينَ الجُبِّ

والسجنِ

الشيخُ ينظرُ

في فنجانِ قهوتِهِ

وقالَ مستهزئاً

بلقيسُ في البُنِّ

أبصرتُهُ..

كانَ تاريخٌ بسمرتِهِ

يا أيُّها الشيخُ

قد أدركتُ ما تَعني

فقالَ..

يا أيُّها المصريُّ

كافرةٌ كلُّ السيوفِ

إذا ما خيَّبتْ ظني

(السيفُ أصدقُ أنباءً)

بكى..

ومضى..

كان العراقُ هنا

أنّى رأتْ عيني.

أم جميل

يُوحَى إليكِ

بأنْ كُوني

عذابَ نبي

وبَخِّري الدارَ

لو يأتي أبو لهبِ

خمسون نجْماً

بمَنْ ضمَّتْ عباءَتُها

تزدادُ حُسْناً

ولو حمَّالةُ الحطبِ

تبَّتْ يدا..؟

ثمَّ لوْ..

أليسَ لهُ سواهُما

ألفُ ألفٍ

قدَّ من غضبٍ

لمْ يُغْنِهِ مالُهُ؟

يُغنيهِ مالهُمُ

أبقارهُمْ حاضراتُ الضَّرعِ

بالطلبِ

هم يملكونَ سماءً

غيرَ مُمْطرةٍ

وأنتِ

سرُّ جفافِ الغيثِ

في السُّحُبِ

مُحَمدٌ

لم تزلْ

في الغارِ دعوتُهُ

فلا تخافي

ولا صِدِّيقَ في العَربِ

فابني لأبرهةٍ بيتاً

بكعبتِهمْ

وصادري النُّوقَ

من عَبْدٍ

ومُطَّلَبِ

للبيتِ ربٌّ؟

أبابيلُ السماءِ إذا ترمي

احتمي في أبي سفيانَ

ذي الحَسَبِ

لا تركبي سُفنَ الغرقى

سنُرسلُها بغير نوحٍ..

وجوديٍّ..

بلا خَشَبِ

بيني وبينكِ

يا بنتَ حربٍ

خذي هِنداً لحمزتِهمْ

فألفُ كبْدٍ

لذيذٌ طعمهُ

رَطِبِ

لن تدخلي النارَ

لو سدَّسْتِ نجمتَهُمْ

لنْ يدخلوا

جنةَ الرَّحمنِ

بالخُطَبِ

كانوا..؟

دعيهمْ لـ كانوا

ملءُ حارتِهمْ

تاريخُ شيخٍ قعيدٍ..

عاجزٍ..

جُنُبِ

في أمةٍ

كلهم صاروا مسيلمَةً

لا يُعبدُ اللهُ بالبهتانِ

والكذبِ

يُوحى إليكِ

ولمْ يعجبْهُمُ عجَبٌ

حتى صيامُ أبي سفيانَ

في رجبِ

ويسألونك

عن قدسٍ..

وعن يَمَنٍ..

ويسألونك

عن بغدادَ..

عن حلَبٍ..

ما هذه الناس..!

ما الأرضُ التي سألوا؟

بعضُ التساؤلِ

يعني قلةً الأدبِ

ناموا..

ولنْ يُبعثوا..

أنتِ اكتملتِ بها

(السيفُ أصدقُ أنباءً

من الكتبِ).

القرية

يحيا..

لآخرِ صفحةٍ بكتابيَهْ

ولدٌ..

يَصُرُّ الكونَ في جلبابيَهْ

ويزالُ بي طفلٌ

هناكَ بقريتي

وأبٌ يُسَمِّرُ عينَه بثيابيَهْ

لِمَ كلما قصرتْ ثيابي إصبعاً

طالَ ابتسامُ أبي؟

ضحكتُ

دعا لِيَهْ

أنمو على صلواتِ أمي

كلما أخطأتُ

يغفرُ حضنُها أخطائِيَهْ

أنا والعِيالُ

قصيدةٌ خضراءُ

لم تنقضْ شقاوتُنا

وضوءَ القافيةُ

كانَ الزمانُ

يمرُّ بينَ أصابعي

والماءُ لم يلمسْ أنينَ الساقيةْ

في ذاتِ عُمْرٍ

كانَ يلهثُ خلفنا

قامَ القطارُ

وليسَ يرجعُ ثانيةْ

لم يبقَ من قمرين

إلا صورةٌ

في غرفةٍ

منذُ الوداعِ كما هيَهْ

ياااااا

كم كبُرنا

غيرَ أني لم أزلْ طفلاً

يتأتىُ حين يتلو الغاشيةُ

خوفي من العفريتِ يكبرُ

طالما

فرعونُ لم يؤمنْ

بسجدةِ آسيَةُ

الخوفُ

يومٌ عاشَني

وأعيشُهُ

فرأيتُ أيامَ الزمانِ ثمانيةٌ

في قريتي التاريخُ حلاقٌ

لذا

يهتَمُّ من زمنٍ

بشَعْرِ مُعاويةُ

والمشطُ يخلعُ دائماً أسنانَهُ

أنَّى يكونُ العالمين سواسيَةٌ!

في قريتي الدنيا

تعيشُ يتيمةً

عرجاءَ

فوقَ الحزنِ تمشي حافيةٌ

نخلٌ

يِنِزُّ جريدُهُ صبراً

على عذراء أخرى

لم تكنْ عذرائِيَهْ

بُنٌّ..

ولكنْ

كيفَ أشربُ قهوتي

حمراءَ..

كيفَ يضمُّها

فنجانِيَهْ؟

في قريتي عُمَرٌ

وزمزمُ صوتِهِ

فاضتْ

ولا جبلٌ

يُوضِّئُ ساريَةٌ

كانت حديقةٌ بيتنا

معصومةً

كملامحِ امرأتي

بوقتِ لقائيَهْ

من يومِ غابَ أبي

تشققَ وجهُها

ما عادَ فيها

من قطوف دانيَةٌ

الياسمينةُ

لم تعدْ ببياضِها

من ألفِ مَنفى

عاتبتْني

باكيةٌ

أنا زاهدٌ في قريةٍ

خنساؤها قتلتْ صخوراً

كي تقولَ مراثيَهْ

أنا زاهدٌ

في قريةٍ عربيةٍ

والزهدُ

صرتُ له أباً

وعتاهيَةٌ.

بين يدي النابغة

غريبٌ

على بابِ الخلودِ

يبسملُ

قتيلٌ بما شاءَ الكلامُ

ويَقتلُ

على القبَّةِ الحمراءِ

يشتلُ قُبلةً

فيخضرُّ في الرُّوحِ الغريبةِ

سُنبلُ

يَدقُّ على بابِ القصيدِ

ألا افتحوا

تقدَّمَ مفتولَ البديعِ

فيدخلُ

له لغةٌ أخرى

تُتِمُّ صلاتَها

فتختالُ شِعراً

بالتي هيَ أجملُ

له الفِطرةُ الأولى

بزيتِ خيالِهِ

يُعبِّئُ فانوسَ الحياةِ

ويُشعلُ

تورَّثَ ماءَ الشِّعر

منذ أن استوتْ سفينةُ نوحٍ

والرؤى تتصلصلُ

يحيكُ من الغيماتِ

ثوبَ زفافهِ

(ومَن يخطبُ الحسناءَ)

ليسَ يُؤجِّلُ

إذا لوَّث العاديُّ

ذيلَ ردائِهِ

ففوقَ رداءِ السلسبيلِ

سيُغسلُ

وتكشفُ حُجْبَ الغيبِ

منه قصيدةٌ

بها حَوَرٌ

كم عاشقٍ يتغزَّلُ

ومن برزخٍ

يُفضي إلى عدْنِ حرفِهِ

يدورُ مجازٌ

والكنايةُ تَحْجِلُ

إذا أمَّةٌ للشِّعرِ تمنحُ تاجَها

هنا يكتبُ التاريخَ

شِعرٌ مُحَجَّلُ

سيبقى بصحراءِ الوجودِ

على المدى

جوادٌ من الشعرِ المقدَّسِ

يصهلُ

هو الشعرُ

موَّالُ الفقيرِ وصبرُهُ

ورزقٌ على قَدرِ المشيئةِ

يُنخَلُ

شِباكٌ لصيَّادٍ

يُعَلِّمُ قارباً

يسيرُ على موج الرَّجا

يتدللُ

دعاءٌ لفلَّاحٍ

بشاطئ تُرعةٍ

وكوبٌ من الشاي الثقيلِ

ومِغزلُ

هو الشعرُ

ديوانُ الحياةِ

تنقَّطَتْ

على حِجْرِهِ الدنيا

فظلَّ يُشكِّلُ

هو الشعرُ

بعْثُ الروحِ

بعدَ سُباتِها

ألا استغفروا لي

إنني الآنَ أُسألُ

غريبٌ

رأى سبْعاً

أضأنَ بسبْعةٍ

وثامنةً من مصرَ

نيلاً تُفصَّلُ

(قِفا نبكِ)

عفواً يا امرأَ القيسِ

إننا وقفنا

بكينا

ما حبيبٌ ومنزلُ

فخَوْلةُ في أطلالِ كلِّ مدينةٍ

(تلوحُ كباقي الوشْمِ) حيناً

وتأفلُ

وقد آذنتْ أسماءُ بالبينِ

دائماً

وحارثها ملَّ الثواءَ

فيرحلُ

فـ (هلّا سألتِ الخيلَ يا ابنةً مالكٍ)

وإنْ كنتِ لا تدرينَ

حبُّكِ يبطلُ

(أمن أمِّ أوفى)

ضاعَ أوفى؟

ألمْ يَعُدْ!

فقلبُ زهيرٍ بالبكاءِ مُبَلَلُ

لنابغةِ الدنيا يقولُ

أنا فتىً

كتبتُ

ووادي عبقرٍ يتأمَّلُ

وهبتُ ابنَ كلثومٍ

كؤوسَ صباحِهِ

من الشعر

إنَّ الشعرَ خمرٌ مُحَلَلُ

ودارُ لبيدٍ قد عَفَتْ

فأقمتُها

بمثليَ عذراءُ العموديِّ تحبلُ

وكلُّ غريبٍ في المعاني

تركتُهُ

بـغرفتهِ

فوقَ الأسِرَّةِ يسعلُ

قديمٌ

كأني كنتُ أولَ شاعرٍ

جديدٌ

ولكني إلى البعثِ أولُ

خُلقتُ ليبقى الشعرُ

وحياً أقولُهُ

وأبقى

وغيري بالهوى يتقوَّلُ

ألمْ يأتِكمْ

أنباءُ مَنْ سبقَ الدُّنى

فها فارسٌ من مصرَ

لا يترجَّلُ

إلى عرفاتِ الشعرِ

جئتُ مُلبِّياً

بقلبي

وروحي في صفاه تهرولُ.

الموت

يفتحُ الموتُ دُكانَهُ

في الصَّباح

المدينةُ حُبْلى

بطفل السَّواد

والذينَ يمرُّون

فوقَ الرَّصيف

لهُمْ زمنٌ

ما استراحَ الفؤادْ

فقراءٌ

سوى من دعاءٍ فقير

تعَوَّده الله

ربُّ العِباد

لمْ يعُدْ

صوتُ فيروز يكفي

ليمنحني الخبزَ

قد سكتتْ شهرزادْ

كانَ وجهي

يحاولُ

أن يستبينَ ملامحهُ

منذُ غابتْ سعادْ

نحنُ

لسنا كما نحنُ

ملءُ الوجوهِ رمادٌ

وملءُ القلوبِ

رمادْ

في الطريق

إلى الماءِ

أمي أُصيبتْ كثيراً

فمن داسَ

فوقَ الزِّناذْ

المُسِنُّونَ..

يمكنُ

أن يصبحوا

حطبَ النار

في كلِّ وادْ

ثمَّ

يغتصبُ المُشعِرون

نساءَ الصُّلعِ

على فُرُشٍ

من قتادْ

يفتحُ الموتُ دُكانهُ

قريتي

بينَ خوفٍ يزيدُ

وحزنٍ يُزادْ

ماتَ مَنْ ماتَ

والموتُ...

هلْ يغفرُ اللهُ للموتِ

يومَ المعادْ!

دمشقية

قالتْ دمشقُ..

فقلتُ أعرفُها

كُحلٌ بعينٍ

عادَ يوسفُها

الياسمينةُ..

نبضُ أبيضِها

تبكي بكفٍّ جاءَ يقطفُها

قالتْ تُحبُّ؟

فقلتُ سيدتي

هيَ آيةٌ ما ضلَّ مصحفُها

هيَ آيةٌ..

مرَّتْ قريشُ بها

وأتى أبوجهلٍ يُحرِّفُها

وقريشُ

ربَّتْ فيلَ أبرهةٍ

بالدَّمِ تَعلفُه

ويَعلفُها

وقريشُ

تخلقُ ألفَ عائشةٍ

في كلِّ يومٍ

ثم تقذفُها

وقريشُ

رسْمٌ كلُّهُ أُحُدٌ

ودماءُ حمزةَ

لا تزخرفُها

منذُ احتمى في الغارِ

من هبلٍ

وقريشُ

تجهلُ أينَ أشرفُها

قالتْ دمشقُ

وشَعْرُها غزَلٌ

واليومَ

كمْ مشْطٍ يُقَصِّفُها

كانتْ تقولُ الشِّعْرَ

في لغةٍ بالياسمينِ

وجَلَّ مِعطفُها

زرعتْ سماءَ القحطِ

سنبلةً

خَلقتْ لها حُبّاً يُرغِّفُها

كانتْ تفتشُ

في طفولتِها

عن لعبةٍ

لا ذئبَ يَخطفُها

لمْ ترتكبْ

تفاحَ آدمِها

فعلامَ أوراقٌ

وتَخصفُها

نامتْ نواطيرٌ

وما حسبتْ

أنَّ الثعالبَ قد تُكَهِّفُها

فحضنتُها

والعينُ باكيةٌ

يا دمعةً قلبي يُنْشِّفُها

شَرَفُ المسيح

لكلِّ مُبصِرَةٍ

أنَّ القيامةَ لا يُسَوِّفُها

أنَّ الأصابعَ في تَعدُّدِها

كفٌّ

دمشقُكِ مَنْ يُؤلفُها

أنَّ الشآميِّين أعرفُهمْ

جدرانُ دنيانا

وأسقُفُها

قالتْ دمشقُ

فقلتُ يوسفُها

مِن جبِّهِ سيعودُ يَعرفُها.